AF582343

Albert METZGER

A L'ORÉE DU XXe SIÈCLE

PORTRAITS CONTEMPORAINS

VOL. XI

~~LE COLONEL~~

ALBERT METZGER

PAR

Henry CARNOY
Professeur au Lycée Voltaire

Avec portrait gravé par TOUZERY

Prix : Un franc

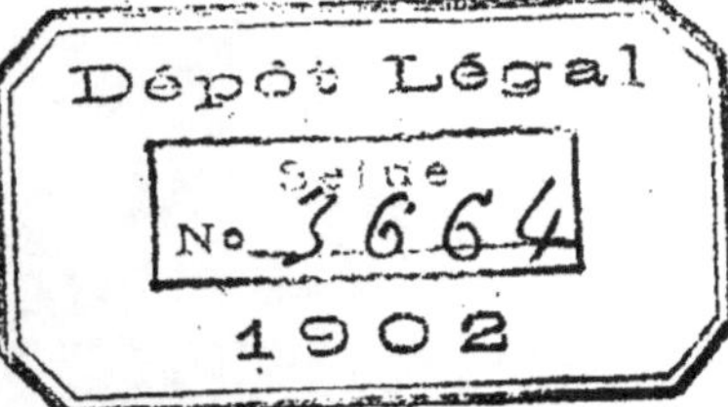

PARIS
IMPRIMERIE SEPTENTRIONALE, 25, RUE DES GRANDS-AUGUSTINS
L. BRUYNEEL, Directeur
1902

M. Albert METZGER

ALBERT METZGER

METZGER (ALBERT), né à Mulhouse (Haut-Rhin), le 31 mars 1853, publiciste et historien français, membre de l'Académie des Sciences, Belles-Lettres et Arts de Savoie,— du Cercle de la Librairie à Paris.

Adresse : 17-19, rue de Boigne, à Chambéry (Savoie).

M. Albert Metzger fit ses études au Collège de Mulhouse. Il les termina au lendemain de la Guerre à l'Académie de Neuchâtel, alors que son pays natal venait d'être annexé à l'Allemagne.

Comme la plupart de ses compatriotes,

M. Albert Metzger quitta l'Alsace et rentra dans la Mère-Patrie. Ce fut à Lyon qu'il se fixa. Il ne tarda pas à s'y créer des relations étendues dans le monde lettré et savant de la deuxième ville de France, et il fonda en 1879 une revue : *Lyon scientifique et industriel*, qu'il dirigea avec succès pendant onze ans.

En 1883, M. Albert Metzger publia l'histoire de la *République de Mulhouse*. Ce travail fixait de façon précise tous les événements qui se déroulèrent dans cette enclave suisse avant son annexion à la France en 1798. L'ouvrage fut rapidement épuisé. Son succès engagea M. Metzger à entreprendre, avec l'un de ses amis, M. Joseph Vaesen, ancien élève de l'Ecole des Chartes, l'*Histoire de Lyon sous la Révolution, le Consulat et l'Empire*. Cette publication, qui ne comprend pas moins de 10 volumes in-8°, ne fut tirée qu'à 300 exemplaires sur papier de Hollande, souscrits immédiatement par les bibliophiles lyonnais et les grandes bibliothèques.

L'*Histoire de Lyon* fut complétée, en 1889,

à l'occasion du centenaire de la Révolution, par un onzième volume dû à la collaboration de MM. Metzger et Vaesen : *A la Veille de la Révolution ; Lyon de 1778 à 1788.*

Il eût été à souhaiter que les deux auteurs eussent continué leurs recherches érudites sur le passé de Lyon. Malheureusement, la santé de M. Metzger exigeait un climat qui n'eût rien de commun avec les brouillards intenses qui noient la grande cité lyonnaise. Dès 1884, le jeune historien dut obéir aux ordres de la Faculté et se retirer dans les régions alpestres, à Chambéry, à proximité d'Aix-les-Bains. Il s'y est fixé depuis, et y a retrouvé, avec la santé et l'activité, de nouveaux éléments d'étude dont il a su tirer parti. Excursionnant dans la région aux deux versants des Alpes, explorant les archives municipales et provinciales, les actes des tabellions, et consultant les documents savoisiens conservés à Turin, il recueillit les matériaux de trois intéressants volumes sur l'une des personnalités les plus énigmatiques et les plus curieuses du

XVIIIe siècle, Mme de Warens, qui eut une influence si considérable sur Jean-Jacques Rousseau, et, par répercussion, sur les événements politiques et littéraires d'une époque qui fera date dans notre histoire. Ces trois ouvrages sont : *La Conversion de Mme de Warens* (un vol. in-8o ; 1886) ; — *Les Pensées de Mme de Warens* (in-8o ; 1888) ; — *Une Poignée de Documents inédits concernant Mme de Warens* (in-8o ; 1888). Ces travaux ont été analysés dans le deuxième *Supplément du Grand Dictionnaire universel* de Larousse. Ils rétablissent la vérité sur les relations de Jean-Jacques Rousseau avec sa bienfaitrice pendant son séjour en Savoie.

L'histoire de Mme de Warens est toujours l'objet des préoccupations de M. Metzger. En 1891, il donne un quatrième volume : *Les dernières années de Mme de Warens* (in-8o), qui, dans l'intention de son auteur, devait clore la série de ses investigations sur cette femme immortalisée par le talent prestigieux du grand philosophe genevois.

Depuis, M. Metzger a recueilli tous les ouvrages publiés depuis un siècle sur Jean-Jacques et l'hôtesse des Charmettes ; il en a fait don à la Bibliothèque de la ville de Chambéry.

Un autre ouvrage de M. Albert Metzger obtint un véritable succès auprès de ses amis. C'est un petit recueil de poésies dont la première édition parut en 1874. Ces *Vers de Jeunesse* ont été plusieurs fois réimprimés. Nous citerons au hasard l'une des pièces de ce recueil uniquement destiné aux intimes de l'auteur :

Je voudrais bien écrire un tout petit poème,
Bien frais et bien mignon, pour la beauté que j'aime,
Et dire en quelques vers, galants et bien rimés,
La naïve illusion de nos deux cœurs charmés...
Amour est une chose exquise et souveraine.
La pudeur est sa sœur, la grâce sa marraine,
Et le baiser, son frère, un lutin si subtil,
Que son charme éblouit comme un rayon d'avril.

Nous en avons eu deux aussi longs qu'une extase,
Et nos fiévreuses mains encor mieux qu'une phrase,
Et nos deux cœurs émus encor mieux qu'un aveu,
Disaient notre bonheur, échangeaient notre vœu...

Amour est un ami pour notre jeune aurore ;
Je ne suis pas Pétrarque et j'ai trouvé ma Laure ;
Mignonne, à tes genoux je voudrais consumer
Et mes jours et mes nuits consacrés à t'aimer.

M. Albert Metzger a encore publié, en 1892, à Chambéry : *Le Livre d'honneur des Communes de Savoie*, avec les procès-verbaux de l'Assemblée nationale des Allobroges demandant leur annexion à la France en 1792, et la liste des Combattants savoisiens de 1870 ; in-8°.

Outre sa collaboration au *Courrier de Lyon*, au *Progrès de Lyon*, il a fait paraître, comme brochures d'actualité : en 1877, *Jean-Jacques Rousseau à l'île Saint-Pierre en 1765* (in-8°) ; — en 1880, *Le Budget de l'Instruction publique en France pour 1879-1880* (in-8°) ; en 1882, *Le Budget municipal de Lyon en 1881 ; recettes, dépenses, octroi* (in-8°).

M. Albert Metzger a fondé, en 1893, à l'*Académie des Sciences, Belles-Lettres et Arts de Savoie*, un prix d'une Médaille d'or à décerner tous les deux ans en faveur du meilleur ouvrage paru dans cet intervalle sur la Savoie.

Sources : Larousse, *Grand Dictionnaire universel ;* — de Rienzi, *Profils contemporains ;* — Jouve, *Dict. des Alsaciens-Lorrains*, T. II. — *Nouveau Larousse illustré*, T. VI.

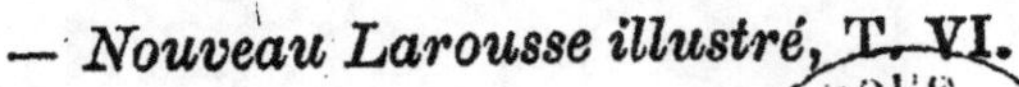

EXTRAIT

des

GRANDS DICTIONNAIRES INTERNATIONAUX

ILLUSTRÉS

Publiés par Henry CARNOY

Professeur au Lycée Voltaire

Imprimé
le 22 Août 1902
pour Henry Carnoy, à Paris
IMPRIMERIE SEPTENTRIONALE
Directeur : L. Bruyneel
25, rue des Grands-Augustins
Paris (VIe)

A L'ORÉE DU XXe SIÈCLE

ONT PARU :

I. — Édouard Piette (2e édition.)
II. — François Rouvière.
III. — Mme C. Renooz.
IV. — René Kerviler.
V. — Docteur Liétard.
VI. — S.A.R. le Prince Guy de Lusignan (2e édit.).
VII. — Georges Harmois (3e édition).
VIII. — Emile Alleaume (2e édition).
IX. — Maurice Alleaume.
X. — Le Colonel Eugène Titeux.
XI. — M. Albert Metzger.

POUR PARAITRE :

S. A. S. le Prince Albert Ier de Monaco.
Dr Guermonprez.
Le Prince Roland Bonaparte.
Le Prince Alexandre Bibesco, etc., etc.

www.ingramcontent.com/pod-product-compliance
Lightning Source LLC
LaVergne TN
LVHW050512160826
845677LV00003B/1090

* 9 7 8 2 3 2 9 6 3 2 8 3 4 *